Le cycle de l'eau

Bobbie Kalman et Rebecca Sjonger

Traduction : Marie-Josée Brière

Le cycle de l'eau est la traduction de *The Water Cycle* de Bobbie Kalman et Rebecca Sjonger (ISBN 0-7787-2310-0)

Catalogage avant publication de Bibliothèque et Archives Canada

Kalman, Bobbie, 1947-

Le cycle de l'eau

(Petit monde vivant)
Traduction de : The water cycle.
Pour les jeunes de 6 à 12 ans.

ISBN 978-2-89579-127-0

1. Cycle hydrologique – Ouvrages pour la jeunesse. 2. Eau – Ouvrages pour la jeunesse.
I. Sjonger, Rebecca. II. Titre. III. Collection : Kalman, Bobbie, 1947- . Petit monde vivant.

GB848.K3414 2007 j551.48 C2006-941974-4

Recherche de photos : Crystal Foxton

Remerciements particuliers à : Sophie Izikson

Illustrations : Barbara Bedell : pages 9, 10 ; Katherine Kantor : page 12 ; Robert MacGregor : page 19 ; Margaret Amy Salter : page 20

Photos : BigStockPhoto.com : Eli Mordechai : page 18 ; Jason Stitt : page 23 (en haut) ; iStockphoto.com : Paige Falk : page 16 ; Michael Karlsson : page 25 (en haut) ; David Maczkowiack : page 25 (en bas) ; Kokleong Tan : page 23 (en bas) ; Bobbie Kalman : page 31 (en haut)

Autres images : Adobe Image Library, Comstock, Corbis, Corel, Digital Stock, Digital Vision, Ingram Photo Objects, MetaPhotos, Photodisc, TongRo Image Stock et Weatherstock

Nous reconnaissons l'aide financière du gouvernement du Canada par l'entremise du Programme d'aide au développement de l'industrie de l'édition (PADIÉ) pour nos activités d'édition.

Conseil des Arts du Canada   Canada Council for the Arts

Bayard Canada Livres inc. remercie le Conseil des Arts du Canada du soutien accordé à son programme d'édition dans le cadre du Programme des subventions globales aux éditeurs.

Cet ouvrage a été publié avec le soutien de la SODEC.
Gouvernement du Québec – Programme de crédit d'impôt pour l'édition de livres – Gestion SODEC.

Dépôt légal – 1er trimestre 2007
Bibliothèque nationale du Québec
Bibliothèque nationale du Canada

Direction : Andrée-Anne Gratton
Graphisme : Mardigrafe
Révision : Johanne Champagne

4475, rue Frontenac
Montréal (Québec)
Canada H2H 2S2
Téléphone : (514) 844-2111 ou 1 866 844-2111
Télécopieur : (514) 278-3030
Courriel : edition@bayard-inc.com

Imprimé au Canada

Table des matières

Une planète couverte d'eau

Regarde toutes les zones bleues, sur cette photo de la Terre. C'est de l'eau. On appelle parfois la Terre « la planète bleue » à cause de toute l'eau qu'elle contient. Presque toute l'eau présente sur notre planète se trouve dans les océans. Mais il y en a aussi dans les lacs, les étangs, les rivières et les ruisseaux. Et même dans le sol !

L'eau, essentielle à la vie

Sans eau, il n'y aurait pas de vie sur la Terre. Tous les organismes vivants ont besoin d'eau pour survivre. Les plantes ne peuvent pas pousser si elles n'en ont pas. Les gens et les animaux ne peuvent pas s'en passer très longtemps non plus.

Les animaux et les gens ont besoin d'eau pour rester en vie. Ces zèbres vont boire pendant une journée chaude.

Les plantes aussi ont besoin d'eau pour vivre. Ces jeunes plantes vont en chercher dans le sol avec leurs racines.

L'eau sous toutes ses formes

L'eau se transforme constamment. Elle change quand elle est chauffée, et aussi quand elle est refroidie. Elle peut se présenter à l'état **solide**, à l'état **liquide** ou à l'état **gazeux**, c'est-à-dire sous forme de vapeur d'eau. Quand l'eau est à l'état liquide, tu peux la boire. Tu peux aussi nager dedans. À l'état solide, c'est de la neige ou de la glace.

Du liquide à la vapeur

Quand l'eau est chauffée, elle se transforme en vapeur. Tu peux observer la vapeur d'eau qui s'échappe de la bouilloire quand l'eau bout. Et, quand il fait froid, ton haleine chaude forme de la buée : c'est aussi de la vapeur d'eau.

La neige et la glace sont de l'eau à l'état solide.

De la vapeur au liquide

La vapeur d'eau se transforme en liquide quand l'air qui l'entoure refroidit. Si tu tiens un verre froid près de la vapeur qui s'échappe de la bouilloire, tu verras des gouttes d'eau se former sur le verre.

Du liquide au solide

L'eau devient solide quand elle gèle. Puis, quand la neige ou la glace fond, elle redevient liquide.

Le cycle de l'eau

L'eau voyage sans cesse autour de la planète en se transformant. Elle s'élève dans le ciel sous forme de vapeur d'eau, et retombe ensuite sous forme de pluie ou de neige. Ces mouvements de l'eau composent ce qu'on appelle le « cycle de l'eau ».

De l'eau qui voyage

L'eau se déplace sous l'effet du vent et de la chaleur du soleil. Elle s'intègre aux nuages, au sol, aux plantes, aux animaux, aux humains et aux océans. Et les **courants** marins, dans les océans, la transportent eux aussi.

Un cycle sans fin

Le cycle de l'eau ne s'arrête jamais. L'eau ne reste pas au même endroit. Elle se déplace constamment d'une partie de la Terre à l'autre. Tu peux voir à la page suivante les transformations qui caractérisent le cycle de l'eau.

Quelques termes utiles

Voici quelques termes qui t'aideront à comprendre comment l'eau change d'état tout au long de son cycle.

condensation La condensation se forme quand la vapeur d'eau entre en contact avec de l'air froid, ce qui la fait passer à l'état liquide.

eau souterraine L'eau qui se trouve sous le sol porte le nom d'eau souterraine.

évaporation L'évaporation se produit quand l'eau est chauffée et qu'elle passe de l'état liquide à l'état gazeux.

précipitations Les précipitations, c'est l'eau qui tombe du ciel, par exemple sous forme de pluie, de grêle, de neige ou de giboulée.

transpiration
Les plantes absorbent l'eau dans le sol. Quand leurs feuilles laissent échapper de la vapeur d'eau, on dit qu'elles « transpirent ».

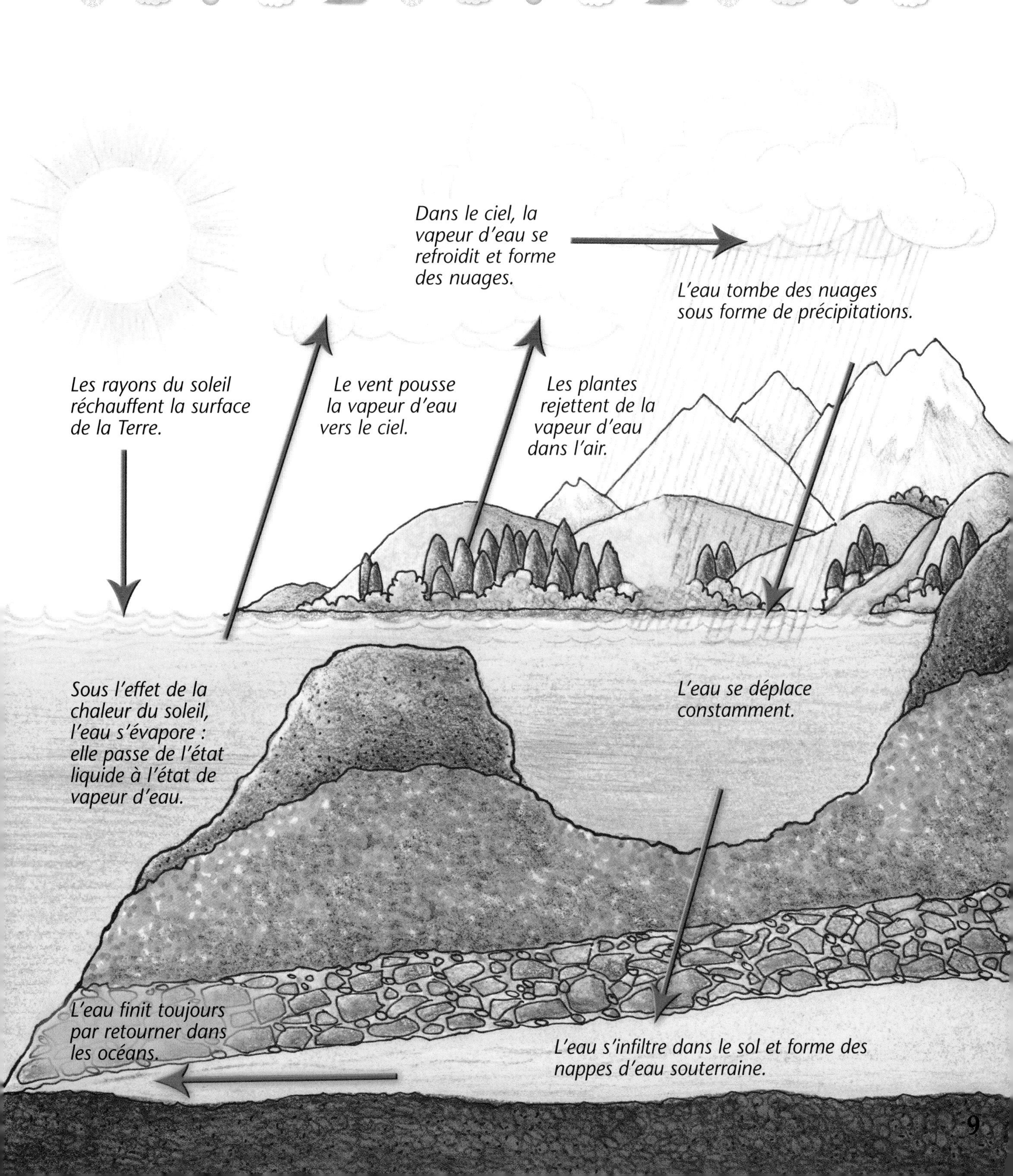
Dans le ciel, la vapeur d'eau se refroidit et forme des nuages.
L'eau tombe des nuages sous forme de précipitations.
Les rayons du soleil réchauffent la surface de la Terre.
Le vent pousse la vapeur d'eau vers le ciel.
Les plantes rejettent de la vapeur d'eau dans l'air.
Sous l'effet de la chaleur du soleil, l'eau s'évapore : elle passe de l'état liquide à l'état de vapeur d'eau.
L'eau se déplace constamment.
L'eau finit toujours par retourner dans les océans.
L'eau s'infiltre dans le sol et forme des nappes d'eau souterraine.

La chaleur du soleil

Les rayons du soleil réchauffent la Terre et tout ce qui s'y trouve. La surface de l'eau, dans les océans, les rivières et les lacs, se réchauffe plus que le reste parce que c'est la couche du dessus. L'eau s'y évapore et se transforme en vapeur. Quand il fait chaud, il y a beaucoup d'eau qui se réchauffe. L'évaporation se fait donc assez vite. Quand il fait froid, elle se fait plus lentement.

L'eau s'évapore vite quand il fait beau et chaud !

Partout dans l'air

Il y a de la vapeur d'eau partout dans l'air qui t'entoure, même si tu ne peux pas toujours la voir ! Quand il fait chaud, l'air nous paraît parfois humide. C'est parce qu'il contient beaucoup de vapeur d'eau. Le vent en soulève une partie dans le ciel. Il peut aussi transporter la vapeur d'eau loin de l'endroit où l'eau se trouvait sous forme liquide.

Tu peux parfois voir de la vapeur d'eau dans l'air. C'est ce qu'on appelle de la « brume ».

Du gaz au liquide

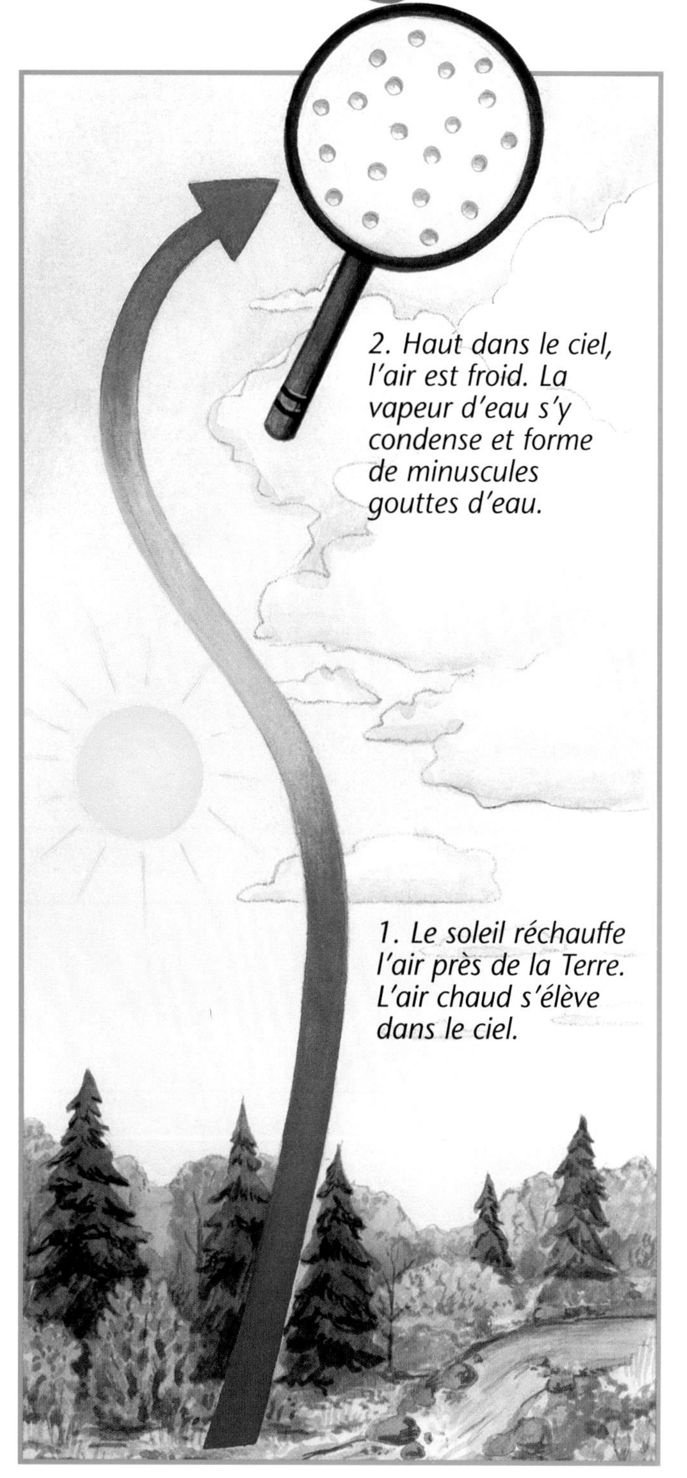

Le vent transporte la vapeur d'eau – un gaz – haut dans le ciel, où l'air est plus froid. Quand cette vapeur refroidit, elle se transforme en minuscules gouttelettes d'eau. Ce passage de l'état gazeux à l'état liquide s'appelle la « condensation ». Il y a souvent de la condensation haut dans le ciel parce que l'air froid ne peut pas contenir autant de vapeur d'eau que l'air plus chaud.

Une petite expérience

Tu peux observer comment se forme la condensation. Verse de l'eau très froide dans un verre. Attends quelques minutes et regarde bien ce qui va se passer. Tu vas voir des gouttes d'eau apparaître sur le verre. D'où viennent-elles ? Elles viennent de l'air qui t'entoure. Au contact du verre froid, la vapeur d'eau de l'air s'est transformée en gouttelettes.

La rosée du matin

Comme il n'est pas réchauffé par le soleil, l'air est plus froid pendant la nuit que pendant le jour. La vapeur d'eau se condense dans l'air froid de la nuit et forme des gouttes d'eau qui se déposent sur les surfaces fraîches, partout sur la Terre. C'est la rosée. La température à laquelle la rosée se forme s'appelle le « point de rosée ».

Tu peux voir des gouttes de rosée sur cette feuille. Cette petite rainette va en boire une partie. D'autres animaux boivent aussi de la rosée.

Quand elles se touchent dans le ciel, les minuscules gouttelettes d'eau deviennent de grosses gouttes. Ces gouttes vont ensuite s'agglomérer, parfois par milliers, pour former des nuages. Les nuages sont de forme et de taille très variées. Leur apparence dépend de la température de l'air, de la direction du vent et de leur altitude, ou hauteur, dans le ciel.

Quel est ce nuage ?

Il est possible de prédire le temps qu'il fera en observant les nuages. Les nuages blancs et duveteux sont des cirrus. Ils se forment haut dans le ciel, et n'annoncent généralement pas de pluie. Les gros nuages qui ressemblent à des boules d'ouate sont des cumulus. Ils se forment souvent dans le ciel avant les orages.

Ces nuages délicats sont des cirrus.

Les cumulus sont généralement aplatis à la base et rebondis sur le dessus.

Le brouillard, ce sont des nuages qui se forment près du sol.

L'eau qui tombe du ciel

Quand les nuages contiennent beaucoup de gouttelettes d'eau, il peut y avoir des précipitations, sous forme de pluie, de neige, de grêle ou de giboulée. La pluie peut tomber en fine bruine ou en **averse** abondante. Une chute de neige peut se limiter à quelques flocons ou se transformer en grosse tempête. La grêle est faite de boules de glace qu'on appelle « grêlons ». Les grêlons peuvent être aussi gros que des balles de baseball ! La giboulée est un mélange de pluie, de neige et de grêle.

La formation des précipitations

Les nuages qui se forment en basse altitude se composent de gouttes d'eau, et ils produisent parfois de la pluie. Il faut des centaines de gouttes d'eau pour faire une seule goutte de pluie ! Quand les nuages sont très haut dans le ciel, ils contiennent surtout des **cristaux de glace**. Et quand ces cristaux de glace s'agglutinent, ils forment des flocons de neige. Comme ils sont lourds, ces flocons tombent au sol.

Les montagnes et les océans

Les zones terrestres situées près des océans reçoivent plus de précipitations que celles qui se trouvent plus loin. Les régions montagneuses, comme on le voit ci-dessous, en reçoivent aussi beaucoup. Quand les nuages s'élèvent pour passer par-dessus les montagnes, ils frappent de l'air froid, dans lequel ils ne peuvent pas retenir leur vapeur d'eau. Alors, il pleut ou il neige.

L'humidité du sol

Une partie des précipitations qui tombent sur Terre entre dans le sol. L'eau qui reste sous la surface contribue à l'humidité du sol. Les racines des plantes absorbent cette humidité puisqu'elles ont besoin d'eau pour pousser.

Un sol sec absorbe plus d'eau qu'un sol déjà mouillé. Quand le sol est mouillé, il se forme des flaques d'eau à la surface. Les animaux boivent l'eau de ces flaques.

Les flèches bleues montrent comment l'eau s'évapore par les feuilles.

tige

sol

eau

racines

La transpiration

L'eau reste dans le sol plus ou moins longtemps. Une partie de cette humidité est absorbée par les plantes. En fabriquant leur nourriture, les plantes laissent échapper de l'eau à travers leurs feuilles. Cette eau s'évapore et retourne dans le cycle de l'eau. C'est ce qu'on appelle la « transpiration ».

Le parcours de l'eau

Les plantes absorbent de l'eau par les racines et la transportent ensuite par leur tige jusqu'à leurs feuilles. Une partie de l'eau emmagasinée dans les plantes en sort par de minuscules trous appelés « stomates », qui tapissent leurs feuilles. Une fois à l'air libre, cette eau s'évapore.

L'eau souterraine

Une partie de l'eau présente dans le sol se faufile dans de petits espaces compris entre les roches et descend en profondeur. C'est ce qu'on appelle l'eau souterraine. Elle se dépose dans des aquifères, des couches de roches enfouies profondément dans le sol de la zone saturée (va voir à la page 21), qui jouent le rôle de réservoirs. Quand l'eau souterraine s'écoule des aquifères, elle se retrouve dans les ruisseaux et les rivières.

L'eau de ce ruisseau se trouvait auparavant dans des aquifères souterrains.

La zone non saturée

Près de la surface, le sol contient de petits espaces remplis d'air ou d'humidité. Comme cette couche de sol contient toujours un peu d'air, on dit qu'elle n'est pas saturée, ou remplie d'eau. C'est ce qu'on appelle la « zone non saturée ».

La zone saturée

Une partie de l'eau s'écoule plus profondément dans le sol et forme des nappes d'eau souterraine. Cette eau se dépose entre les roches et les particules de sol. Il finit par y en avoir tellement que le sol est complètement rempli d'eau. On appelle donc cette couche du sol la « zone saturée ». Le sol n'y contient pas d'air.

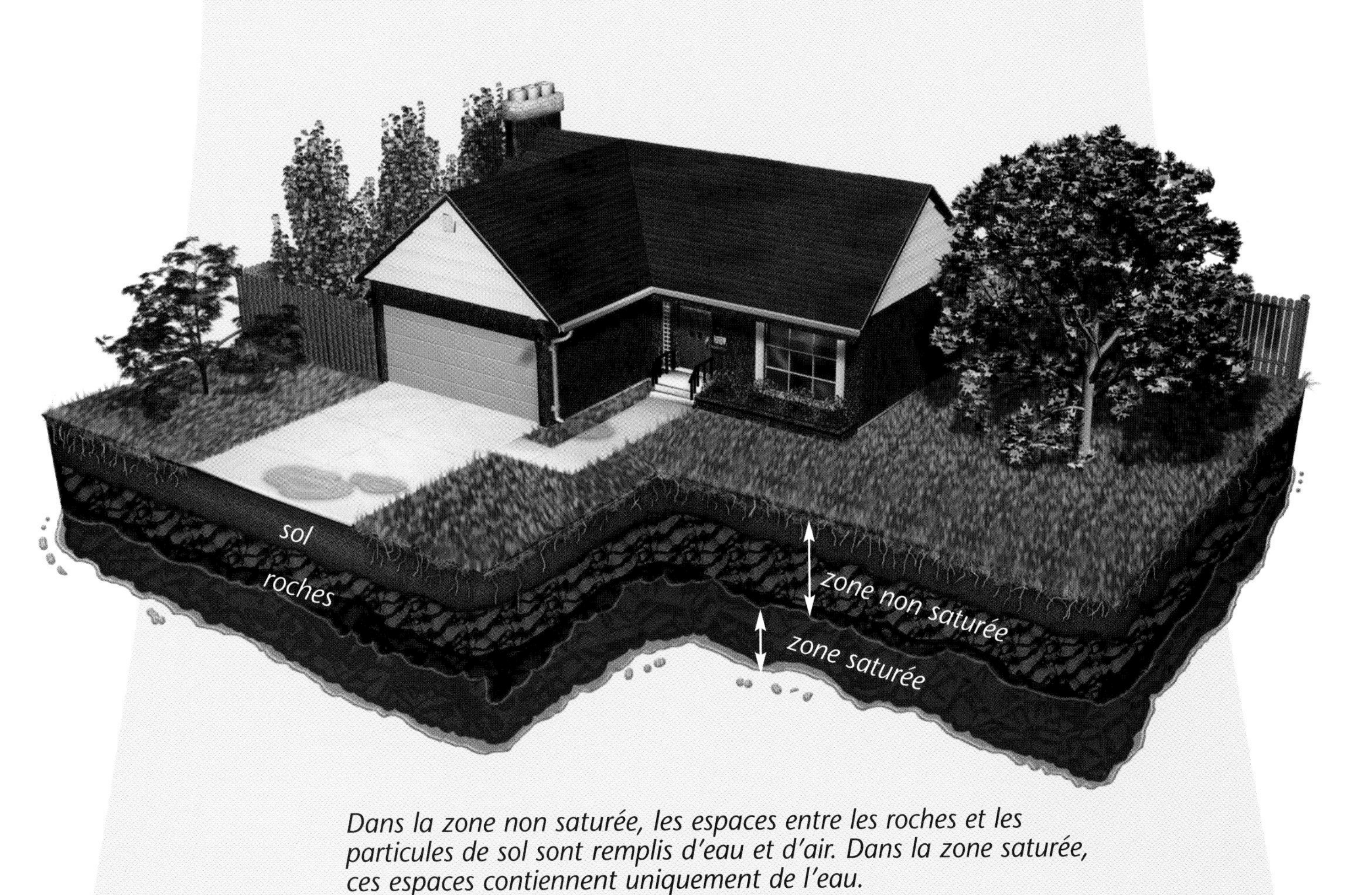

Dans la zone non saturée, les espaces entre les roches et les particules de sol sont remplis d'eau et d'air. Dans la zone saturée, ces espaces contiennent uniquement de l'eau.

L'eau douce

L'eau qu'on trouve sous terre, ainsi que dans les lacs et les rivières, est de l'eau douce. Comme elle ne contient pas beaucoup de sel, elle est bonne à boire. Beaucoup de créatures vivantes ont besoin d'eau douce pour survivre. Mais cette eau n'est pas toujours à l'état liquide. Plus des deux tiers de l'eau douce de la Terre se retrouvent sous forme de neige et de glace !

L'emmagasinage de l'eau

Les gens prennent de l'eau douce pour boire, faire la cuisine, se laver et laver leurs vêtements. Pour s'assurer qu'il y en aura assez pour tout le monde, on la recueille et on l'emmagasine dans de grands réservoirs. Le réservoir qu'on voit ci-dessous est un lac artificiel.

Le ruissellement

Les précipitations ne pénètrent pas complètement dans le sol. À certains endroits, le sol est trop escarpé, trop rocheux ou trop saturé pour absorber l'eau. Une partie de la pluie et de la neige fondue descend donc le long des pentes, en restant à la surface du sol. C'est ce qu'on appelle le « ruissellement ». Les eaux de ruissellement coulent ensuite dans les ruisseaux, les rivières et les lacs, et finissent par se retrouver dans les océans comme toute l'eau de la Terre.

Dans les villes

Il y a beaucoup de ruissellement dans les villes et les villages parce que l'asphalte ne peut pas absorber l'eau. Une bonne partie des eaux de ruissellement coulent alors dans les égouts, des tuyaux souterrains qui les acheminent vers les rivières, les lacs et les océans. Certains égouts servent aussi à transporter les eaux sales, ou « usées ».

S'il n'y avait pas d'égouts, les eaux de ruissellement pourraient inonder les rues des villes.

Ce sol ne peut plus absorber d'eau. L'eau qui reste en surface finira par ruisseler.

Des océans d'eau salée

Les eaux de ruissellement contiennent toujours d'infimes quantités de roches et de **minéraux**. On y trouve notamment du sel, ce qui les rend légèrement salées. Or, le cycle de l'eau se répète depuis des millions d'années ! Pendant tout ce temps, les eaux de ruissellement ont donc apporté du sel vers les océans. C'est pourquoi les océans sont faits d'**eau salée**.

Les créatures marines

Des millions d'animaux peuplent les océans. Leur corps est parfaitement adapté à la vie dans l'eau salée. En fait, si l'eau n'était pas salée, ils mourraient !

Les changements dans l'eau

L'eau qui circule aujourd'hui sur la Terre est là depuis très longtemps ! Mais elle change. À bien des endroits, elle est polluée, ou salie, par les comportements des humains. Les voitures et les usines produisent des gaz et des **produits chimiques** toxiques. Une partie de ces poisons dangereux pénètre dans le sol et pollue l'eau souterraine. D'autres produits chimiques sont absorbés dans l'air. Quand il pleut ou qu'il neige, ces produits se mêlent à l'eau et créent des pluies acides. Ce sont des précipitations qui contiennent des substances toxiques. Elles nuisent aux plantes et aux animaux, et polluent l'eau des océans, des rivières, des lacs et des ruisseaux.

Le réchauffement des océans

Certains scientifiques pensent que la Terre se réchauffe d'année en année à cause de la pollution. Cette hausse des températures entraîne à son tour un réchauffement des océans, ce qui modifie le climat. Quand l'eau des océans est plus chaude, il y a plus de pluie et il peut aussi y avoir d'énormes tempêtes appelées « ouragans ». Ces ouragans, qui se forment au-dessus des océans, sont accompagnés de vents très violents. Quand ces vents soufflent vers la terre ferme, ils y poussent de l'eau venue de l'océan.

Les ouragans peuvent faire beaucoup de dégâts sur la terre ferme !

Quand la température des océans change, même légèrement, les plantes et les animaux marins peuvent mourir.

Nous sommes faits d'eau !

Ce qui distingue la Terre des autres planètes, c'est qu'elle contient de l'eau. Il y en a partout, et dans tout. Les plantes et les animaux se composent en majeure partie d'eau. Les roches sont façonnées par l'eau. Et le sol absorbe l'eau.

L'eau en mouvement

L'eau coule dans les rivières, roule en vagues impressionnantes, tombe en pluie fine, dévale des cascades, tourbillonne en délicats flocons de neige, roule en bandes de brouillard... et retourne toujours dans les océans.

Nous aimons l'eau

Quand nous regardons dans le ciel,
nous voyons de l'eau dans les nuages.
Elle peut tomber sur notre visage,
parfois en pluie, et parfois en neige.
Nous aimons l'eau sous toutes ses formes.
Nous aimons en boire, froide ou chaude.
Nous aimons nous y laver et nous y baigner.
Nous aimons faire du ski sur les pentes
enneigées et glisser sur la glace en patins.
Quand le soleil brille à travers l'eau
qui se trouve dans l'air, cette eau dévoile
les couleurs de la lumière solaire
et produit un magnifique arc-en-ciel.
Nous aimons vraiment beaucoup les arcs-en-ciel !

Nous avons besoin d'eau !

La Terre est composée en majeure partie d'eau,
et notre corps aussi.
Nous sommes des créatures pleines d'eau
vivant sur une planète pleine d'eau.
Sans eau, notre corps ne pourrait pas fonctionner.
Notre sang ne pourrait pas transporter
l'oxygène dans tout notre corps.
Nos cerveaux ne pourraient pas penser.
Nos os se briseraient.
Nous ne pourrions pas manger.
Toutes les parties de notre corps ont besoin d'eau !

L'eau nous tient en vie !

Nous oublions parfois
à quel point l'eau est importante.
Nous la gaspillons, nous la polluons.
Nous pensons qu'il y en a amplement,
mais il ne reste plus beaucoup d'eau propre.
Nous devons respecter l'eau.
Nous devons être reconnaissants pour l'eau.
Nous devons aimer l'eau.
Et nous devons nous rappeler
que c'est elle qui nous tient en vie !

Nous sommes faits d'eau !

Pour montrer ce que tu penses de l'eau,
répète ces mots :
« Eau, je t'aime. »
« Eau, je te remercie. »
« Eau, je te respecte. »
Et n'oublie pas que TU ES FAIT D'EAU !

Glossaire

averse Pluie abondante

courant Fort mouvement de l'eau dans une direction donnée

cristaux de glace Petits morceaux de glace qui se forment dans le ciel lorsque l'air est froid

eau salée Eau qui contient beaucoup de sel

gazeux État de l'eau quand elle n'a pas de forme définie, mais occupe tout l'espace disponible du récipient qui la contient.

giboulée Grêle mêlée de pluie ou de neige

grêle Boules de glace qui tombent des nuages dans certaines conditions

humide Qui contient beaucoup d'eau ou de vapeur d'eau

inonder Recouvrir d'une grande quantité d'eau

liquide État de l'eau quand elle coule librement

minéraux Cristaux dans le sol, qui aident les plantes à pousser

produit chimique Substance naturelle ou artificielle qui peut parfois causer du tort aux organismes vivants

solide État de l'eau quand elle a une forme définie

Index